ARTICLES DE LA REDDITION DE SALSES AV ROY CATHOLIQVE,

le sixieme jour de Ianuier M. DC. XXXX.

Iouxte la Copie imprimée à Paris.

CHAPITRES CONCLVS entre les Excellens Seigneurs Marquis de Balbaçes & le Comte de Saincte Colombe Capitaines & Generaux de Cantabrie & de Catalongne, & Monsieur d'Espenan Mareschal de camp des armées du Roy tres-chrestien, & Gouuerneur du Chasteau & Forteresse de Salses, le Vendredy 23. Decembre 1639. au camp dessous Salses.

I.

IL sera accordé que ledict Sieur d'Espenan sortira du chasteau & forteresse de Salses, auec toute la garnison, bagage, Officiers, Soldats & autres personnes de quelle condition qu'ils soient, le 6. du mois de Ianuier prochain

 à neuf

à neuf heures du matin precisément, au cas que la place ne soit secourue le mesme jour, & la mesme heure rapportée; s'entend si l'armée du Roy tres-chrestien ne force la circonuallation qui est faicte, & qu'elle oblige l'armée qui tient la place assiegée de se retirer, ou qu'auec des viures ils la secourent de ce qui est necessaire; de façon que manquant quelque chose de ce qui a esté dit cy dessus, il ne s'entend point que la place ayt esté secourue, & les assiegez seront obligez de la rendre à l'heure marquée, encore qu'ils puissent estre secourus vn moment apres.

II.

Les assiegez sortiront auec toute seureté de vie & de leurs personnes, sans qu'il leur soit fait aucun desplaisir ny empeschement, auec toutes leurs armes, bagage, tambour battant, enseigne desployée, auec deux bottes de mesche pendues, & balle en bouche.

III.

Ils auront aussi vn canon de France, de ceux

qui

qui ſont dans le Chaſteau, auec ſon affuſt, & autres attellages & munitions pour tirer trente fois.

IV.

Les aſsiegez ſeront conduits à Narbonne par le plus droit & le plus court chemin, & partiront le meſme jour, & la meſme heure qui a eſté accordée, & iront cette nuict à Sigean, & leur ſera donné connoy, de maniere qu'ils puiſſent arriuer le 7. du mois de Ianuier à Narbonne, juſques a ce que les oſtages ſeront rendus auec la meſme ſeureté.

V.

On ſera obligé de donner aux aſsiegez les chariots qu'ils auront de beſoin pour emporter les malades & bagage s'ils en ont de reſte, & des cheuaux pour Monſieur d'Eſpenan & ſes Capitaines. L'armée qui aſsiege ſera obligée le meſme jour que les oſtages ſeront baillez de l'vn & de l'autre coſté, de laiſſer courre l'eau du foſſé en ſon libre arbitre, de retourner ſerrer ladite eau quatre jours auant qu'on ayt connoiſſance du ſecours par aucun chemin que ce ſoit.

VI.

En cas que le ſecours ſe preſenteroit la veille, il ſera permis de rompre les treues d'vne part & d'autre, & exercer toute la guerre & hoſtilité qu'on auoit vſé juſques à cette heure : comme auſsi on pourra faire toute ſorte de trauaux d'vne part & d'autre pour ſe nuire. Les aſsiegeans ne pourront trauailler ſinon en leur circonuallation, comme auſsi les aſsiegez ne pourront faire aucun trauail dedans ny dehors la place, qui puiſſe offenſer leſdits aſsiegeans : & s'il arriue que le ſecours ſoit rechaſſé, & qu'il ſoit venu ſans rien faire à l'heure dicte la capitulation ſera obſeruée & la place rendue.

VII.

Sera permis à Monſieur d'Eſpenan d'enuoyer vn des ſiens à ſon General pour luy rendre conte de ce preſent traicté, auec condition que celuy qui ſera enuoyé ne pourra pas r'entrer dans la place; mais il pourra retourner à l'armée & parler à Monſieur d'Eſpenan en preſence de perſonnes a ce commiſes par les Generaux, & qu'il pourra rendre vne

vne lettre ouuerte, & luy ſera baillé paſſeport, & vn trompette pour le conduire aux cabanes de la Palme.

VIII.

Pour plus grande ſeureté du traicté, il ſera donné des oſtages & d'vne part & d'autre; c'eſt a ſçauoir vn Capitaine du Regiment des gardes qui eſt commandé par le Marquis de Mortare, vn aultre d'vn Regiment d'Eſpagnols, vn aultre d'Italiens, vn aultre de Vallons; & du coſté de Monſieur d'Eſpenan deux Capitaines du Regiment d'Enghien, & deux aultres des aultres Regimens qui ſont dans la place; leſquels oſtages ſeront arreſtez d'vn & d'autre coſté juſques a ce que le traicté ſoit accompli, & que les cheuaux & charroy qui auront amené les aſsiegez à Narbonne s'en ſeront retournez; de meſme les oſtages ſeront r'enuoyez en ſeureté auec vn trompette.

IX.

Et pour accompliſſement de ce traicté, il ſera ſigné des excellens Seigneurs les Generaux qui aſsiegent

aſsiegent, & par Monſieur d'Eſpenan, & pa
Chefs des regimens qui ſe trouuent dans la p
Faict au camp ſoub Salſes le 23. Decembre 1

*Enſuyte de cette capitulation la place a eſté
duë au jour & heure deſignés en icelle, n'ayan
eſtre ſecourue, quelques efforts que la France
faict pour en reüßir.*

www.ingramcontent.com/pod-product-compliance
Lightning Source LLC
LaVergne TN
LVHW010331230826
846091LV00009B/3811

9782013684637